ÉPISODE

DE LA

CAMPAGNE DE PRUSSE

EN 1806.

ÉPISODE

DE LA

CAMPAGNE DE PRUSSE

EN 1806.

COMBAT DE SAALFELD.
MORT DU PRINCE LOUIS DE PRUSSE.

Par le Colonel J. MARNIER,

PARIS,

IMPRIMERIE GUIRAUDET ET JOUAUST,

RUE SAINT-HONORÉ, 315.

1850

ÉPISODE

DE LA

CAMPAGNE DE PRUSSE.

EN 1806.

Napoléon et Alexandre avaient trop bien mesuré leurs forces respectives à Austerlitz, pour qu'il leur restât à l'un comme à l'autre aucun doute sur les résultats d'une lutte nouvelle entre eux.

L'empereur de Russie, humilié par cette victoire éclatante, dissimulait son ressentiment pour Napoléon ; mais celui-ci ne tarda pas à découvrir la haine dont il était l'objet au travers du mensonge et des astuces diplomatiques.

Après cette première campagne, il fut convenu qu'on rédigerait à Paris un traité de paix selon les bases définies par ces deux grands souverains ; mais Alexandre crut devoir refuser sa signature, sous prétexte que son ambassadeur s'était écarté de ses instructions.

L'armée française était alors cantonnée dans les différents cercles de la Confédération germanique. Elle n'attendait que cette ratification pour rentrer en France.

L'Empereur n'eut pas plus tôt mis le doigt sur les plans de la ligue nouvelle, qu'il donna l'ordre aux sept corps d'armée, commandés par Bernadotte, Lannes, Davoust, Ney, Soult, Augereau, Lefebvre, ainsi qu'à toute la cavalerie de réserve, dont Murat avait le commandement en chef, de se tenir prêts à rentrer en campagne.

La Prusse, qui jusqu'alors avait religieusement maintenu sa neutralité, crut le moment venu de faire cause commune avec la Russie, pour s'opposer à la redoutable initiative de la France, qui, en raison des forces dont elle pouvait disposer au sein des contrées allemandes, donnait les plus vives inquiétudes.

Le roi Guillaume, de son côté, avait entrepris d'organiser une contre-confédération, à l'aide des principautés orientales placées autour de ses frontières, ou enclavées dans certaines parties de son territoire. Toutefois il n'avait point osé accomplir encore ce projet, parce qu'aux yeux de Napoléon c'était là un *casus belli*.

Dans le même instant où l'ambassadeur de la cour de Berlin portait aux Tuileries les assurances toutes pacifiques de son royal maître, celui-ci traitait secrètement avec la Russie, l'Angleterre et la Suède. Des préparatifs de guerre formidables avaient lieu dans toute la Prusse. Napoléon feignait d'ignorer, mais il était parfaitement instruit.

La presse des deux pays devenait chaque jour plus acerbe, plus agressive, outrageante même, à l'égard des deux souverains... Un journal français, sérieux d'habitude, s'oublia au point de déverser l'outrage sur la personne de la reine de Prusse, cette belle et gracieuse souveraine adorée de tous ses sujets.

Il n'en fallut pas davantage pour mettre en feu tout ce que le pays contenait de loyauté, de patriotisme et d'énergie.

Un jeune prince, idole des soldats, l'un des plus beaux hommes du royaume, surnommé le beau prince Louis, ne craignit pas de se déclarer ouvertement chef de la levée de boucliers contre la France... Dès lors les cris de guerre, partis des salons dorés, descendirent sur les places et dans les rues de la capitale, qui furent inondées de pamphlets, et qui retentirent de chants belliqueux. Chaque soir des groupes s'assemblaient sous les fenêtres de l'ambassadeur de France, pour y vociférer en chœur des hymnes où le nom de Napoléon et de plusieurs de ses généraux étaient l'objet de la raillerie la plus insultante.

Des officiers de la garde poussèrent l'insolence jusqu'à venir aiguiser leurs sabres sur les colonnes de granit qui décoraient le seuil de l'hôtel habité par notre fonctionnaire diplomatique.

Le roi cède au vœu de son peuple et de son armée. Cependant il cherche encore à donner le change par des négociations directes.

Parfaitement convaincu de la mauvaise foi de Frédéric-Guillaume, l'Empereur ne perd pas une minute pour disposer et concentrer ses divers corps d'armée, qui se trouvent prêts à tout événement. Il lui tarde d'avoir en mains un prétexte plausible pour fondre sur la Prusse, avant que la Russie, alliée naturelle des états du Nord, vienne compliquer la situation.

C'est alors, heureusement, qu'apparaît le manifeste du cabinet de Berlin.., une déclaration de guerre des plus énergiquement formulées.

L'Empereur s'y attendait, car déjà il avait quitté les Tuileries pour se rendre à Bamberg, lieu désigné pour siége de son quartier-général. Il y arriva le 6 octobre, à six heures du soir, pendant que se publiait le *factum* en question.

L'armée prussienne comptait alors 230,000 hommes de toutes armes, Napoléon n'en avait pas plus de 100,000.

Dès le 9 au matin, plusieurs coups de fusil avaient commencé par provoquer nos vedettes.

Bernadotte lança aussitôt le général Maison sur Schleitz, fortement occupé par les agresseurs. Un combat rapide et vigoureux tourne bientôt à l'avantage des Français, et l'ennemi fuit en désordre dans la direction de Saalfed.

Le lendemain, 10, la division Suchet, du corps de Lannes, reçoit l'ordre d'enlever cette dernière ville, défendue par le prince Louis de Prusse, qui commandait l'avant-garde du prince de Hohenlohe.

Tel fut le premier engagement sérieux qui ouvrit la campagne. Les troupes des deux côtés rivalisèrent d'ardeur. Le choc fut vif et meurtrier. Le prince Louis déploya une bravoure personnelle digne d'un meilleur sort... Mais il était dit que la destinée du royal jeune homme, le plus ardent instigateur de cette grande lutte, devait se clore le jour même où il trouvait l'occasion de déployer les éminentes qualités du général, autant que le courage du soldat.

Au plus fort d'une mêlée, la cavalerie, qu'il dirige en personne, est contrainte de céder à l'élan de nos hussards. Après avoir vainement tenté de la rallier, il se fait suivre de quelques escadrons, se précipite avec une impétuosité vraiment téméraire dans les profondeurs des rangs opposés. La division française n'avait point attendu jusque là pour déployer son propre essor. Bientôt cernés, les Prussiens résistent vainement ; la présence et le péril du prince animent les braves placés sous ses ordres. Le conflit prend un caractère plus intense de gravité ; pas un cavalier ennemi ne se rend qu'après avoir été sabré ; un bien petit nombre échappe.

Louis, supplié par son entourage de rejoindre le gros de l'armée, refuse d'écouter les sages conseils, et veut sa bonne part du combat. Tous les officiers de son état-major succombent sous ses yeux. Plusieurs fois il parvient à se frayer un passage, laissant autour de lui des marques de son audacieuse bravoure. Quatre hussards finissent par l'envelopper... ils l'ont reconnu, ils ménagent leurs coups, le somment de se rendre... Le prince pour toute réponse en blesse un, puis deux ; mais au moment où la lame de son sabre atteint déjà le maréchal-des-logis Robert, ce militaire, pour sauver sa tête, fait un mouvement défensif. Le prince est lancé, et ne peut plus éviter la lame qui le perce d'outre en outre : il tombe mort. Depuis une heure il se battait, en dépit de nombreuses et très graves blessures.

La retraite des Prussiens se fit alors avec précipitation , et le champ de bataille, sur lequel mon régiment arriva le soir même, témoignait de maint acte d'héroïsme digne d'être transmis à l'histoire.

Les habitants de la ville étaient accourus en hâte pour secourir les blessés des deux nations, et donner la sépulture aux morts.

Je me rappelle toujours avec un sentiment d'émotion douloureuse l'effet que produisit sur moi l'aspect d'une cinquantaine de chevaux hors de combat... Ces pauvres animaux, encore harnachés, les uns à la prussienne, les autres à la française, s'étaient réunis et avancés pour ainsi dire en ordre jusque sur le bord de la route, où ils poussaient de lamentables hennissements, comme pour implorer des secours... Ceux-ci avaient les jambes cassées ou des jarrets coupés, ceux-là d'énormes plaies béantes, qui désormais les rendaient impropres à aucun service. La mort seule devait finir leurs souffrances !

La funèbre nouvelle relative au prince Louis, une fois répandue par la ville, causa une consternation générale ; les principaux habitants reçurent de nos soldats les dépouilles de ce beau et vaillant guerrier, auxquelles on avait donné une garde d'honneur, en attendant des funérailles dignes de son rang.

Arrivé trop tard pour la lutte, mon régiment prit position sur le champ de bataille même.

Je voulus, en compagnie de quelques frères d'armes, voir les restes du malheureux prince.

Son corps était déposé dans une église, sur un lit de parade ; bien qu'il eût été revêtu de son uniforme, nous pûmes compter ses blessures.

Le prince Louis, d'une taille élevée, avait la physionomie régulière et fort douce. Son teint, bruni par le soleil, faisait contraste avec la blancheur de sa poitrine, de sa main, et de la partie de sa tête abritée par son chapeau. Sa chevelure, qu'il portait à la Murat, était blonde ; une bague chevalière brillait encore à un doigt de la main gauche.

Absorbé dans la méditation, je contemplai long-temps ces restes sans vie..... Plusieurs notables, vêtus de noir, firent la veille religieuse près du catafalque, autour duquel les habitants de Saalfeld ne cessaient de venir s'agenouiller et déposer des couronnes. Pendant cette muette procession que de larmes coulèrent ! ! ! L'attendrissement nous avait gagnés... nous rejoignîmes nos bivouacs le cœur gros. J'avais obtenu de l'un des notables de prendre une mèche des beaux cheveux qui ornaient la tête du prince.

La bataille d'Iéna eut lieu peu de jours après, et l'armée française ne s'arrêta plus qu'à Berlin, où l'Empereur voulut la passer en revue. La campagne était achevée ; le royaume de Prusse fut un instant, dit-on, effacé de la carte.

Mon régiment fit un séjour de peu de temps à Berlin. Logé avec mon colonel dans l'hôtel d'un chambellan du roi, le comte de H...., qui avait suivi Sa Majesté, je sus par l'intendant qu'une belle et noble dame, la comtesse Wilhelmine de B...., sœur de la femme du chambellan, était aimée du prince Louis, qu'un mariage secret les avait unis, et que la mort du prince venait de la plonger dans un chagrin tel qu'on tremblait pour sa raison,.... pour ses jours.

Lorsque je racontai à l'intendant ce que je savais.... ce que j'avais vu... et surtout que j'avais en ma possession des cheveux du prince, recueillis par moi le soir de sa mort, il s'épuisa en efforts pour me décider à les lui donner. Comme je résistais, une sœur de sa maîtresse vint me prier, me supplier, de l'accompagner chez la malheureuse veu-ve, et d'apporter avec moi les cheveux du prince. Je cédai aux pleurs de cette femme, et une heure après nous étions à Charlottenbourg, où résidait la comtesse Wilhel-mine.

Je dus attendre dans un salon que la comtesse fût prépa-rée à ma visite. Je puis dire que les instants passés par moi dans cette pièce me semblèrent un siècle d'angoisses. — Une porte s'ouvre.... deux femmes s'avancent avec ra-pidité vers moi.

— Ah ! monsieur, s'écrie, avec un accent déchirant, la jeune et belle Wilhelmine.... vous venez de... Saalfeld...; monsieur le Français... vous avez vu... le prince..., vous l'avez vu mort..., vous avez touché sa dépouille mortelle... vous avez coupé... coupé sur sa tête... vous-même... de ses cheveux !!!

Je ne répondis pas ; la voix expirait sur mes lèvres. Je tirai un petit portefeuille dans lequel se trouvait enfermée la mèche de cheveux. D'un mouvement rapide et convul-sif, la comtesse Wilhelmine saisit le précieux dépôt qu'elle porte à sa bouche et sur son cœur en sanglotant.... Nous fûmes , sa sœur et moi , obligés de la soutenir, car elle avait entièrement perdu connaissance. Une attaque de nerfs des plus violentes s'était déclarée.

Depuis la catastrophe, un médecin ne quittait plus le palais ; il entra, et, comme je craignais que ma présence, au reveil de la comtesse, n'occasionnât un nouvel accident je retournai à Berlin, laissant mon portefeuille dans sa main crispée.

Ma santé, qui n'était pas très bonne, fut vivement ébranlée par les suites de cette scène douloureuse. Pris le soir même d'un violent accès de fièvre, j'eus le délire toute la nuit et dus garder le lit pendant plusieurs jours.

Dès le lendemain, un valet de chambre m'apportait, avec mon portefeuille, ces quelques mots de la comtesse Wilhelmine :

« Monsieur l'officier,

» Je n'oublierai jamais que je vous dois l'émotion terri-
» ble et pourtant bien douce dont vous avez été le témoin.
» Quoique Français, Monsieur, vous avez acquis une large
» place dans ma pauvre âme !... cette âme bien triste a ju-
» gé la vôtre... elle désire vous revoir. Permettez-moi de
» compter sur votre visite, lorsque je me sentirai un peu
» plus calme.

» En vous faisant remettre votre portefeuille, j'ose y
» joindre un des chers souvenirs que je tiens du prince.
» Je crois de la sorte vous prouver, Monsieur, si je fais cas
» de la noblesse de vos sentiments et de votre amitié que
» je vous demande en échange de celle de

» W. de B....

» Charlottenbourg. »

J'ai dit que l'intendant m'avait fatigué de prières pour

obtenir les cheveux du prince. Ce vilain homme garda rancune de mon refus, et l'on va voir jusqu'où porta ses projets de vengeance absurde, ce misérable, ennemi prononcé du nom français.

D'abord aux divers messages qui me furent envoyés par la comtesse il répondit que j'étais parti, et renvoya de même plusieurs lettres qui m'étaient destinées; ce que je n'appris que dix mois plus tard lors de mon retour à Berlin.

L'Empereur passait chaque jour en revue les différents corps, et quand vint le tour de mon régiment, j'étais pris d'un accès de fièvre ardente. Je ne tins nul compte de l'ordre que me donna le colonel de ne point me lever ; je me rendis au Jardin du Roi, où s'assemblait le régiment. Là, mes forces m'abandonnèrent, et l'on dut me rapporter à l'hôtel dans l'état le plus déplorable ; pendant 24 heures on craignit pour mes jours.

Le lendemain de cette revue, l'armée se porta en avant, et le 24ᵉ reçut l'ordre de se rendre à Custrin. J'étais incapable de le suivre ; le chagrin s'empara de moi, la fièvre fit de rapides progrès, et lorsque le soldat que m'avait laissé mon colonel m'apprit le départ de mes camarades, je perdis tout-à-fait la raison. Ce brave homme était chargé de me conduire à l'hôpital militaire, où le chirurgien-major de mon régiment dirigeait le service ; il m'attendait.

Le maudit intendant, qui voulait à tout prix et au plus vite se débarrasser de moi, fit amener une litière ; on m'emporta de l'hôtel ; mon soldat me conduisit jusqu'à l'hôpital, où il déposa mon porte-manteau, et dès qu'il me vit couché dans un bon lit, entouré de gens de la maison, il se hâta de rejoindre notre drapeau.

Quarante-huit heures après ma sortie de la maison du comte, je recouvrai enfin mes sens ; la nature, plus forte que le mal, avait pris le dessus. J'adressai en français quelques questions à une vieille femme qui me donnait des soins; elle ne me comprenait pas, elle me faisait signe de ne pas parler et de prendre les potions qu'elle me présentait. Plusieurs fois je voulus obtenir réponse et je témoignai de l'humeur ; mais les gestes de ma gardienne étaient tellement impératifs, que je me vis contraint de lui obéir sans faire mine de résistance.

Le deuxième jour, me sentant mieux, je vis entrer le médecin dans ma chambre, suivi de deux aides et de quelques personnes. Il interrogea la vieille, et après un échange de quelques paroles, pendant lesquelles j'étais pour tous ces messieurs l'objet d'une extrême attention, ils allaient se retirer, lorsque, m'adressant à celui qui paraissait le chef du groupe, je le priai, toujours en français, de me faire venir le chirurgien-major. Sans s'arrêter nullement à ma demande, ils allaient partir, lorsque, furieux de me voir ainsi traité, je me lève sur mon séant et les rappelle de toutes mes forces. La vieille pousse un cri d'effroi ; deux des visiteurs rentrent, se jettent sur moi et me forcent à me recoucher... ils restent ensuite près de moi et n'abandonnent mes membres que lorsque, épuisé par de vains efforts, je perds connaissance. A un état léthargique succéda une faiblesse extrême.

Un seul homme alors se trouvait à mes côtés. Il me regardait avec un certain intérêt et semblait compatir à ma pénible situation. Je le questionnai ; il ne me comprenait pas, et cependant il avait un tel désir de me répondre que j'eus conscience de le tourmenter davantage ; d'ailleurs je crus deviner qu'il m'exhortait à prendre patience.

En effet, dans la journée, un jeune homme de dix-huit à vingt ans vint me voir, et me demanda en bon français comment je me trouvais. Cette première marque d'attention d'un jeune homme qui parlait enfin ma langue m'attendrit jusqu'aux larmes... Je lui fis signe de venir

près de moi, et, remis de mon émotion, je le priai de me
dire pourquoi le chirurgien-major me privait de sa visite.

Le jeune Allemand me répondit d'un ton affectueux
que je n'avais pas besoin de m'inquiéter... qu'il n'était pas
à l'hospice pour le moment... Puis il changea de conversa-
tion, et cela d'une manière douce et toute sympathique.
Ebahi de ces étranges allures, je m'interrogeais pour savoir si je ne rêvais pas, si j'existais bien réellement.

Enfin j'abordai franchement la question.

— Qui êtes-vous, Monsieur ? Et moi, vous a-t-on dit
qui je suis ?

— Je suis le fils du directeur de cet établissement, et
vous un officier envoyé ici pour vous remettre de vos lon-
gues fatigues.

— Comment ! je ne suis donc pas dans l'hôpital militaire
de Berlin ?

— Vous êtes dans une maison sanitaire, mais une maison royale, où l'on ne reçoit que des malades convalescents
qui ont plutôt besoin de sollicitude que de remèdes...

Je ne concevais rien à cette singulière réponse ; et le
prenant par la main, je le priai, non sans une vive instan-
ce, de s'expliquer plus clairement. Alors il me confia que
l'intendant du comte avait prétendu être chargé par le colonel de mon régiment, vis-à-vis du docteur, de me conduire dans cette maison de santé, où deux à trois mois de
repos et d'un traitement fort doux me rendraient tout à
fait le calme dont les fatigues de la campagne m'avaient
privé par instant.

— Eh quoi ! répliquai-je avec emportement, on me fait
passer pour un être qui n'a plus sa raison !..

Mon jeune homme s'était levé comme pour se séparer
de moi. Je repris aussitôt, avec moins d'irritation :

— Cher Monsieur, je vois qu'une grave erreur a été
commise à mon égard... Eh ! mon Dieu ! je n'ai pas plus

que vous le cerveau fêlé ; j'espère bien avant deux jours prendre la route de Custrin, où mon régiment doit être en garnison.

Charles passa deux heures avec moi, et lorsqu'il fut pleinement convaincu de l'erreur, il m'avoua que, me croyant aliéné, on se disposait à me faire subir des douches et autres médications de même nature.

Nous nous quittâmes bons amis, et pendant le reste de la journée ma chambre fut constamment pleine d'employés de la maison, qui, sous le prétexte de m'apporter leurs offres de services, venaient satisfaire un sentiment de curiosité.

Le lendemain, je me levai ; on me donna un appartement près de celui du directeur, ayant la vue sur un magnifique jardin, dans lequel j'eus la permission de me promener. Charles me témoigna tant d'amitié, qu'il ne me quittait plus, sauf les heures qu'il lui fallait consacrer à ses devoirs d'inspection.

Enfin j'étais dans la maison royale de........, où l'on ne recueillait que les fous de qualité. Chacun d'eux y recevait d'ailleurs les soins les plus assidus et tous les égards que réclamait sa position.

Avec mon ami Charles, je pus bientôt prendre connaissance de l'établissement. L'attention de ces malheureux hôtes, des femmes surtout, se portait sur mon uniforme. Je fus mené au fond du jardin dans un charmant pavillon qu'habitait une jeune Hongroise, en société d'une femme âgée, sa nourrice. Mlle Micheline de B... avait dix-neuf ans, et depuis six mois elle était là. L'un de ses cousins ayant été tué en duel, presque sous ses yeux, voilà deux ans, elle avait depuis lors perdu l'esprit ; et sa famille, désespérant de la guérir, l'avaient remise aux soins éclairés du célèbre docteur Formey.

Ma présence fit une telle impression sur Mlle Micheline,

qu'elle accourut, me parla hongrois ; toucha mes vête-
ments, me fit asseoir près d'elle, et pleura de ce que je ne
lui répondais pas. Ce spectacle me faisait mal... Je rentrai
chez moi profondément affligé.

Mlle de B... était une très belle femme, et, malgré sa
mise assez négligée, elle possédait une tournure pleine de
distinction.

Le lendemain, le surlendemain et ensuite, j'allai passer
quelques instants avec Mlle de B... et sa nourrice. Habi-
tuée à me voir, elle m'attendait toujours à l'heure ordi-
naire, et ma présence était devenue pour elle un besoin,
pour moi une intéressante distraction.

Nous ne nous entendions pas, et cependant nous nous
comprenions ; nous nous fîmes bientôt un langage commun. Lorsque mes visites se prolongeaient jusqu'à cinq
heures, elle devenait sérieuse, allait se jeter au cou de sa
nourrice, et répandait en silence des torrents de larmes.
C'était l'heure fatale où son ami avait succombé.

Il y avait plus d'une semaine que j'étais dans cette maison et que je ne cessais pas de me rendre près de Mlle de
B.... Le docteur Formey, qui venait vers elle matin et soir,
s'étonna d'une sensible amélioration et cherchait à en con-
naître la cause, lorsque la nourrice lui raconta mes visites
quotidiennes.

Ce vénérable docteur vint aussitôt me trouver, me parla,
sans détour, de l'état de Mlle de B..., et m'annonça que
ma présence était pour elle le plus grand des bienfaits, que
j'opérais sa guérison, et que, si le mieux suivait la même
progression, dans moins d'un mois il répondait d'une cure
absolument radicale.

Cet aveu me laissait d'autant moins à l'aise, que, rétabli
moi-même ou à peu près, je comptais partir incessam-
ment.

Deux jours se passèrent. Je fus appelé chez le directeur ;

plusieurs personnes m'y attendaient, c'étaient les parents
de Mlle de B.... Le docteur Formey, prenant la parole,
m'annonça, au nom de la famille, qu'elle venait me supplier de séjourner encore un mois dans l'établissement, et
de concourir avec lui à la parfaite guérison de Mlle de B...

Qu'on juge de mon embarras, moi qui me serais cru
déshonoré s'il s'était tiré, sans moi, un seul coup de fusil à
mon régiment... et j'avais été prévenu qu'il allait se diri-
ger sur la Vistule, où arrivaient les Russes.

L'entretien fut des plus graves et des plus touchants. La
comtesse de B..., mère de Micheline, se prosterna et fon-
dit en larmes à mes genoux... Je ne pus faire moins que
de me laisser fléchir... Je promis d'abord quinze jours.

Nous nous séparâmes : eux satisfaits, car ils espéraient
me déterminer à leur accorder une seconde quinzaine, si
la première ne suffisait pas; et moi, pourtant, bien résolu à
leur échapper dès la première nouvelle du départ de mes
frères d'armes.

Le prodige s'opéra dix jours encore, et ce fut assez pour
faire disparaître les témoignages de désespoir de Mlle de
B... à l'heure sinistre. Sa tristesse habituelle diminuait
chaque jour davantage; quelquefois je réussissais à concentrer toutes ses préoccupations par le moyen de ma gui-
tare, et l'heure s'écoulait sans autre sensation que de
longs soupirs.

Le temps se passait rapide... Un matin cependant je fus
informé par un de mes amis que le 24e avait ordre de se
porter en avant, et que lui-même partait dans la journée.

Avertir le docteur ou la famille, c'était provoquer un
véritable événement, risquer peut-être de transiger avec
mes devoirs. D'ailleurs, je tenais beaucoup trop à prendre
ma part de la prochaine affaire, pour ne pas refouler le
sentiment profond qui m'attachait à la jeune Hongroise.
Je n'écoutai que la voix de l'honneur.

J'eus une dernière entrevue avec Mlle Micheline; je lui laissai entendre que très probablement je m'éloignerais bientôt... Ah! j'eusse voulu être déjà bien loin, car elle saisit ma main avec une vivacité fébrile et la porta sur son cœur... Comme il battait précipitamment... comme ses gestes étaient animés!!! Elle me couvrait de pleurs et de baisers... me suppliait de ne jamais la quitter... offrant de me consacrer désormais toute son âme, toute son existence! Je demeurai confus... La nourrice nous serra dans ses bras, et de nos yeux descendirent des larmes abondantes. Je me séparai d'elle... Une heure après, je courais désolé sur la route de Custrin... J'étais digne de pitié... Mon ami essayait, mais en vain, de me consoler! Il lisait au fond de moi, et découvrait l'étendue de mon sacrifice.

Le régiment s'acheminait vers la Vistule... Je contai à mon colonel ce qui m'était arrivé... Il apprécia mes angoisses, et employa tous les moyens pour écarter de moi une pensée trop dévorante.

Nous marchions à grandes journées. Près de Driesen, me trouvant logé dans un château, que le régisseur habitait seul avec un petit nombre de domestiques, j'aperçus à la cheminée de ma chambre une miniature qui frappa aussitôt mon attention.

— Dieu! m'écriai-je, voilà Micheline!

— Vous connaissez cette dame? fit le majordome.

Je m'étais déjà emparé du portrait et j'y collais mes lèvres... Je lui contai à la hâte mon histoire de l'hospice royal, et lui m'apprit qu'il administrait les biens du jeune comte qui avait dû épouser Mlle de B....

— Combien désirez-vous de cette miniature? lui dis-je avec feu.

— Rien, me répondit ce brave homme. Je n'ai pas le droit de vous la donner. Cependant, comme elle appartenaît au jeune comte, et qu'il est mort, la famille de Mlle de B... seule aurait titre pour la réclamer.

— Puisqu'il en est ainsi, repris-je avec exaltation, j'emporte ce souvenir et je vous laisse le reçu que voici.

Nous avancions toujours et je n'avais aucune nouvelle de Berlin, car je ne m'étais assuré aucun moyen d'en recevoir de Micheline, ni de ses parents.

Cette série de faits eut lieu dans l'année 1806, époque de la campagne de Pologne. Nous arrivâmes à la Vistule, et là se succédèrent de nombreux combats couronnés par la célèbre et sanglante bataille d'Eylau, après laquelle eut lieu une suspension d'armes entre les puissances belligérantes.

Les hostilités ne tardèrent pas à se renouveler, et Friedland vint clore cette guerre d'extermination. La paix fut signée à Tilsitt. Les différents corps d'armée reçurent ordre de venir prendre leurs cantonnements sur le territoire de la Prusse.

Le premier corps, dont je faisais partie, se dirigea du côté de Berlin.... Berlin ! où je pourrais du moins savoir ce qu'était devenue la malheureuse Micheline ! Je n'étais pas sans de grandes inquiétudes à son sujet. J'avais encore un vif désir de revoir la comtesse Wilhelmine.

Quelques heures après mon installation à Berlin, je me rendis à Charlottenbourg. La comtesse, qui n'habitait plus le palais princier, occupait une délicieuse villa, entourée de chalets véritables, copiés sur la Suisse d'après nature.

Quelque temps avant la guerre, le prince Louis et sa chère Wilhelmine avaient fait un voyage aux contrées helvétiques d'où ils rapportèrent des albums remplis de dessins, très gracieusement tracés par eux-mêmes. Ils s'étaient promis de reproduire en réalité les habitations qui, dans les riantes vallées témoins de leurs promenades, leur avaient révélé les douceurs de la vie champêtre : existence qu'ils désiraient savourer en commun, tant les pensées du prince étaient alors peu tournées vers la guerre.

Chez les membres de la maison de Brandebourg, on a toujours remarqué un goût particulier pour vivre autant que possible dans la solitude.

Le roi de Prusse actuel possédait, n'étant que prince royal, une vaste propriété autour de Ketzin, dans une position ravissante. Il se prit à faire de son château de Paretz la plus délicieuse habitation qu'on pût imaginer. Il l'entoura, peu à peu, de constructions qui par l'extérieur simulaient autant d'édifices de diverses époques et de différents pays. Là, un châlet suisse; là, une bastide, comme dans nos régions méridionales; plus loin, une ferme à l'anglaise; puis, une maison polonaise; au delà, un coquet pavillon style Louis XV; ou une antique masure présentant l'aspect d'une ruine. Sur une place, on voyait une église; auprès, la maison du pasteur, celle du bourgmestre, la petite caserne, le corps-de-garde, le Palais-de-Justice... tout était à sa place.

Il faut ajouter que Paretz avait une certaine étendue, car, outre de larges rues ombragées par de beaux arbres, chaque demeure était environnée de jardins. Les fleurs, les fruits et les plantes légumineuses nécessaires à chaque habitation, s'y trouvaient réunis.

Eh bien, si l'on se représente les agréments pittoresques de Paretz, on se fera une idée de ce que peut devenir un jour le hameau qui entourait la villa de la comtesse. Les châlets avaient été exécutés avec un rare bonheur, et l'on se croyait dans l'un des plus jolis sites de l'Helvétie. Les maisonnettes abritaient d'anciens serviteurs du prince, qui en avait ramené plusieurs de Suisse, en sorte qu'on retrouvait là et le langage et les costumes eux-mêmes du riche vallon d'Interlaken.

Ce fut vers cette villa que j'accourus d'abord. Mon nom

m'en fit aussitôt ouvrir les portes, et je fus accueilli comme un ami, comme un frère.

La colonie, encore naissante, faisait espérer le séjour le plus attrayant de toute la Prusse. La nature avait doté ce lieu d'une végétation des plus vigoureuses. Le terrain, accidenté, se prêtait à l'illusion ; des cours d'eau, des cascades, le moulin à farine, la scierie, l'usine, enfin tout ce qui orne chaque vallée en Suisse, s'y trouvait, et déjà en activité.

La comtesse connaissait chaque famille ; elle était comme une mère commune et adoptive ; elle présidait une fois la semaine à la répartition des encouragements et des prix entre les élèves des deux sexes. Elle achetait, à certains jours d'exposition, les petits travaux des plus habiles.

La santé de la comtesse la força de se rendre aux bains de Loëche, dans le Haut-Valais.

En prenant congé d'elle, j'étais ému comme lorsqu'on va se séparer d'une sœur.... Pauvre femme!.... Elle me dit d'une voix touchante :

— Adieu... ou plutôt... non... au revoir, mon ami !

Mes yeux se mouillèrent... des larmes sillonnèrent ses joues.

La comtesse ne revint de son voyage qu'après notre départ de la Prusse.

Mes recherches furent inutiles pour retrouver la maison royale où j'avais rencontré Mlle de B.... Ce bâtiment avait été transformé en caserne : il ne restait plus de trace de son hospitalière et luxueuse habitation.

Le directeur et son fils avaient quitté Berlin ; nul ne pouvait me dire où ils s'étaient retirés. Depuis long-temps j'avais renoncé à pouvoir obtenir aucun renseignement, lorsqu'enfin, peu de jours avant notre mise en route pour l'Espagne, j'apprends que le docteur Formey n'était pas mort, contrairement à ce qu'on m'avait assuré.... Je cours chez lui.... Ce vénérable vieillard habitait près de Potsdam. Il m'apprit que mon éloignement imprévu l'avait jeté dans le plus grand embarras. Micheline avait ressenti un chagrin si violent qu'une recrudescence de maladie survint, avec des complications nouvelles qui la mirent au bord de la tombe. Mais la nature était venue en aide, et avait rétabli la raison avec la santé.

— Elle parlait souvent de vous, me dit-il, et reconnaissait tout ce qu'elle devait à votre généreuse affection.

Mlle de B..., rendue à sa famille, reprit le chemin de la Hongrie, où elle a dû épouser un parent fort âgé, possesseur d'immenses domaines, dont il ne pouvait la rendre héritière qu'en lui donnant son nom.

Le sort de Micheline était fixé : elle était mariée à un prince ! Il ne me restait plus qu'à faire des vœux pour son bonheur !

Le colonel MARNIER.

Nota. — Le récit qu'on vient de lire est d'une vérité incontestable. J'ai cru devoir m'abstenir d'indiquer les noms propres. Mon manuscrit ne s'arrête pas là ; mais je clos avec ces lignes une première publication, me réservant de lui donner suite alors que deux ou trois personnes encore existantes (les unes occupent déjà une place dans cette première partie, les autres entrent plus tard en scène) auront bien voulu m'autoriser à parler d'elles. Dans le cas contraire, l'ami auquel je laisserai, après moi, la fin de ce souvenir, lequel n'est peut-être pas sans un certain intérêt, en fera l'usage qui lui paraîtra opportun.

www.ingramcontent.com/pod-product-compliance
Lightning Source LLC
Chambersburg PA
CBHW050717070726
47597CB00009B/3680